WIE SIE IHR SEXLEBEN VERBESSERN KÖNNEN

by

Sarah Kluge

Erstellers weder ganz noch teilweise kopiert, gescannt, gefaxt oder aufbewahrt werden.

Inhaltsverzeichnis

EINLEITUNG

KAPITEL EINS

BEREIT FÜR DEN ERFOLG

KAPITEL ZWEI

DURCHFÜHRUNG DER HANDLUNG

KAPITEL DREI

PROBIERE NEUE DINGE AUS

KAPITEL VIER

WIE KANN ICH MEIN SEX EINZIGARTIG MACHEN?

KAPITEL FÜNF
HILFE VON AUSSEN ERHALTEN
FAZIT

EINLEITUNG

Ist Sex nicht so angenehm, wie Sie es gerne hätten? Ist es sogar ein bisschen schmerzhaft? Sex ist gut für Ihre Gesundheit und Ihre Beziehung, und es gibt viele Dinge, die Sie tun können, um ihn zu verbessern. Lesen Sie weiter, um herauszufinden, wie Sie die Dinge im Schlafzimmer aufpeppen und Ihren Sexualtrieb steigern können, damit Sie den besten Sex aller Zeiten haben können.

KAPITEL EINS

BEREIT FÜR DEN ERFOLG

*** Praktizieren Sie sicherere Sexualpraktiken.**

Es kann einfacher sein, sich zu entspannen und sich zu amüsieren, wenn Sie sicher sind, dass Sie sich auf ein sichereres Sexualverhalten einlassen. Entwickeln Sie vor diesem Hintergrund eine Strategie, um Ihr Sexualleben so sicher wie möglich zu halten. Bevor

Sie Sex haben, lernen Sie Ihren Partner kennen und sprechen Sie offen über Ihre Sexualgeschichte. Verwenden Sie jedes Mal, wenn Sie Sex haben, ein Kondom oder Dental Dam für den gesamten Akt.

Nur Latex- und Polyurethan-Kondome bieten STI- und HIV-Schutz. Polyurethan-Kondome können spröder sein als Latex-Kondome. Verwenden Sie bei vaginalem, analem oder oralem Sex immer ein Kondom.

Wenn Sie Oralsex mit einer Partnerin haben, können Sie einen Kofferdam verwenden, der eine Latexbarriere darstellt. Es kann bei der Verhinderung der Ausbreitung von STIs und HIV helfen.
Frauen sollten auch erwägen, sich gegen HPV impfen zu lassen, um Problemen wie Genitalwarzen und Gebärmutterhalskrebs vorzubeugen.
Bei einigen Menschen können Ohnmachtsanfälle oder allergische

Reaktionen auf HPV-Impfstoffe auftreten. Wenden Sie sich daher an Ihren Arzt, um zu sehen, ob der Impfstoff für Sie geeignet ist.

*** Schätzen Sie Ihren Körper.**
Wenn Sie sich unsicher oder verlegen wegen Ihres Körpers fühlen, kann das Sex unbequem machen. Wenn Sie Probleme mit Ihrem Körperbild haben, die Ihr Sexualleben beeinträchtigen, machen Sie es zu einer Priorität, das zu

beheben, was Sie können, und zu akzeptieren, was Sie nicht können. Deinen Körper zu akzeptieren ist der erste Schritt zu einem glücklicheren Selbst und einem besseren Sexualleben.
Versuche, in den Spiegel zu schauen und es dir zur Aufgabe zu machen, jeden Tag etwas Positives an dir zu finden.

Sie können auch gezielt Ihren eigenen Körper sexuell kennenlernen. Masturbierende Frauen haben ein signifikant höheres Maß an sexueller Befriedigung als diejenigen, die dies nicht tun. Zu wissen, was dich glücklich macht, wird dir helfen, deine Wünsche deinem Partner mitzuteilen.

*** Sprechen Sie offen mit Ihrem Partner.**

Die Kommunikation mit Ihrem Partner wird Ihre sexuelle Befriedigung und Intimität erhöhen. Es kann schwierig sein, eine offene Kommunikation mit Ihrem Partner aufzubauen

und aufrechtzuerhalten, besonders wenn Sie sich über Sex und Ihre Wünsche nicht sicher sind. Überlegen Sie, was Sie sagen können, während Sie sich wohl und sicher fühlen.
Ihr Partner ist kein Gedankenleser, egal wie gut Sie glauben, dass Sie sich kennen. Wenn Sie etwas an Ihrem Sexualleben ändern möchten, ist es wichtig, dass Sie darüber sprechen. Wenn Ihr Partner Ihnen wirklich verpflichtet ist, wird er

Ihnen zuhören und Ihre Bedürfnisse respektieren. Das Kommunizieren Ihrer sexuellen Bedürfnisse kann sogar eine gute Möglichkeit für Sie und Ihren Partner sein, eine Bindung aufzubauen.

***Zeigen Sie, was Ihnen gefällt.**

Sie müssen Ihrem Partner gegenüber ehrlich sein, was Ihre sexuellen Einstellungen und Gefühle betrifft. Machen Sie es sich zur Aufgabe, Ihren Partner zu fragen, was er will und was ihm gefällt.

Schüchtern oder schüchtern zu sein, wird deinen Partner nur verlegen machen, was die Erfahrung für euch beide schwieriger macht. Genießen Sie die Erfahrung und lassen Sie Ihren Partner sehen, dass Sie es auch genießen.

***Beurteilen Sie Ihren Partner nicht danach, was SIE MÖGEN.**

Es kann für Sie beide beängstigend sein, solch sensible Informationen preiszugeben, also hören Sie ihnen zu, ohne sie zu unterbrechen. Wenn Ihr Partner etwas mag, mit dem Sie sich nicht wohlfühlen, lassen Sie es ihn wissen, ohne dass er sich wegen seiner Wünsche seltsam oder schlecht fühlt.

*** Vermeiden Sie nach Möglichkeit Euphemismen.** Diese sind unklar und können es Ihrem Partner erschweren, Sie zu verstehen. Verwenden Sie eine Sprache, mit der Sie sich wohlfühlen, aber denken Sie daran, dass Sex nicht „falsch" oder

„schmutzig“ ist, und die Verwendung einer klaren und kommunikativen Terminologie ist von Vorteil.

*** Informieren Sie Ihren Partner darüber, was nicht funktioniert.** Manchmal funktioniert etwas, das Sie im Schlafzimmer versuchen, nicht. Anstatt anderen die Schuld zu geben, verwenden Sie „Ich“-Aussagen, um auszudrücken, was an der Erfahrung für Sie unbefriedigend ist. Du

kannst Dinge reparieren, wenn du ehrlicher bist, was dir nicht gefällt. Das kann den Sex nur verbessern.
Sagen Sie Ihrem Partner zum Beispiel: „Ich habe den Eindruck, dass der Sex gehetzt ist. Was können wir tun, um die Dinge zu ändern?" Diese Aussage drückt das Problem aus, das Sie mit Ihrem Sexualleben haben, gibt aber niemandem die Schuld. Stattdessen zeigt es, dass es etwas ist, woran man gemeinsam arbeiten kann.

Formuliere die Dinge wenn möglich positiv, wie „Ich genieße es wirklich, wenn du ___ machst und würde gerne sehen, dass das öfter passiert" oder „Das und das funktioniert besser für mich als das und das - können wir das stattdessen versuchen ?"

*** Achten Sie besonders auf Ihren Partner.** Betrachten Sie ihre Freude als Ihre Ziellinie. Natürlich sollten Sie auch von einer sexuellen Beziehung bekommen, was Sie wollen, aber Sie sollten damit beginnen, mit gutem Beispiel voranzugehen. Je besser Sie sich fühlen, desto eifriger werden sie die Herausforderung annehmen. Der Schlüssel zu gutem Sex liegt darin, die Reaktionen Ihres Partners auf die Erfahrung zu verarbeiten und anzuerkennen.

Hör auf, wenn du siehst, dass dein Partner zusammenzuckt. Du könntest ihnen Schaden zufügen. Wenn Sie Ihren Partner stöhnen hören, wiederholen Sie Ihre Bewegung, weil es sich wahrscheinlich großartig anfühlt. Achten Sie vor allem beim Sex genau darauf, dass Ihr Partner an allem, was Sie tun, gleichermaßen interessiert ist.

Wenn sie "nein" sagen, höre sofort auf. Denken Sie daran, dass nur weil Ihr Partner nicht „nein" sagt, es nicht bedeutet, dass er mit der Situation zufrieden ist. Die Einwilligung ist ein kontinuierlicher Prozess. Außerdem hoffen Sie auf ein großes "Ja!" von euch beiden.

KAPITEL ZWEI

DURCHFÜHRUNG DER HANDLUNG

*** Lehnen Sie pornografische Stereotypen ab.**
Pornos spiegeln, wie alle Filme, nicht die Realität wider. Pornos werden gedreht und inszeniert, um vor der Kamera gut auszusehen, aber sie spiegeln selten wider, wie sie sich anfühlen oder wie eine echte

sexuelle Begegnung aussieht.
Versuchen Sie, keine Erwartungen zu haben. Lassen Sie die Dinge sich natürlich entfalten.

*** Nehmen Sie sich Zeit, es zu genießen.**
Sie möchten jeden Moment des Erlebnisses genießen. Es sollte keine „Drop-in-Drop-out"-Operation sein. Nehmen Sie die gesamte sexuelle Erfahrung auf. Achten Sie genau auf die erogenen Zonen Ihres Partners und verbringen Sie Zeit

damit, sich an ihnen zu erfreuen. Verlangsamen Sie und untersuchen Sie den gesamten Körper Ihres Partners. Verwenden Sie nicht nur die klischeehaften Teile. Sie können auch Spiele miteinander spielen, um die Erfahrung angenehmer zu gestalten. Um den Sex interessant zu halten, konzentrieren Sie sich immer auf die Verbindung und lassen Sie sie raten. Achte darauf, weiterhin zu küssen. Hin und wieder für ein sexy Knutschen zurückzukehren, kann helfen, das Erlebnis zu verlängern.

*** Achten Sie auf das Vorspiel.**
Verbringen Sie einige Zeit damit, sich zu küssen, zu streicheln und zu erfreuen, bevor Sie zum Hauptereignis übergehen. Das Vorspiel kann den Sex verlängern und ihn sinnlicher und romantischer machen. Vor allem viele Frauen finden, dass das Vorspiel ihnen hilft, in die richtige Stimmung zu kommen, während Männer

möglicherweise jederzeit bereit sind, zu gehen. Es liegt in Ihrem besten Interesse, Ihre Dame zu erregen. Es wird ihre natürliche Gleitfähigkeit verbessern und ihre Freude am Sex steigern.

*** Hören Sie nicht auf, Komplimente zu machen.** Sie sollten sicherstellen, dass Ihr Partner keine Sekunde daran zweifelt, dass Sie glauben, dass er das heißeste Ding auf dem Planeten ist, wenn nicht das heißeste Ding für die

nächsten paar Planeten. Sagen Sie Ihrem Partner, wenn Sie etwas sehen, das Ihnen gefällt.
Du musst es nicht immer sagen, aber nimm dir die Zeit, es zu genießen. Lassen Sie Ihren Partner sehen, dass Sie auch seinen Körper genießen.

***Geeignete Schmierung verwenden.**
Gleitmittel können die sexuelle Befriedigung deutlich verbessern. Hochwertige Gleitmittel sind für guten Sex unerlässlich,

insbesondere wenn Ihre Partnerin weiblich ist oder Sie Anal-/Penetrationssex haben. Sexuelle Interaktionen beinhalten viel Reibung, was normalerweise eine gute Sache ist. Es hat jedoch einige Nachteile, wie Scheuern und Unbehagen. Gleitmittel sind in vielen Geschäften und Apotheken vor Ort sowie online erhältlich. Sie sind auch bei Ihrem Arzt oder einer Klinik für sexuelle Gesundheit erhältlich.

Wählen Sie Gleitmittel, die kein Glycerin enthalten, das vaginale Trockenheit verursacht. Verwenden Sie keine parfümierten Produkte oder Materialien, die vaginale Trockenheit verursachen können, wie Duschen, Handlotionen, Seifen oder Badeöle. Befolgen Sie bei der Verwendung von Schmiermitteln die Anweisungen des Herstellers.

Schmiermittel auf Wasserbasis, Silikonbasis und Ölbasis sind die drei Arten von Schmiermitteln. Gleitmittel auf Wasserbasis sind einfach zu entfernen und weit verbreitet. Sie können auch in Verbindung mit Kondomen verwendet werden, verhindern das Reißen des Kondoms und verursachen weniger genitale Symptome als Gleitmittel auf Silikonbasis. Gleitmittel auf Silikonbasis sind die beste Wahl für Analsex, da sie länger halten als andere Gleitmittel. Latexkondome sollten niemals mit Gleitmitteln auf Ölbasis verwendet werden, da diese zum Reißen des Kondoms führen können.

*** Machen Sie einen Aufruhr**.
Versuche, beim Sex ein paar anerkennende Geräusche für deinen Partner zu machen. Natürlich willst du es nicht übertreiben, aber ein paar einfache Stöhne und Keuchen lassen deinen

Partner nicht nur wissen, wann sich etwas gut anfühlt, sondern auch, wann es öfter gemacht werden sollte. Es vermittelt der anderen Person auch, dass Sie eine gute Zeit haben. Dies erhöht ihren Genuss und ermutigt Ihren Partner, härter zu arbeiten.
Laut einer aktuellen Studie haben Partner, die beim Sex Lärm machen, besseren Sex. Also tu einfach das, was sich natürlich anfühlt, und wenn du ein Geräusch

machen willst, dann mach es.

KAPITEL DREI

PROBIERE NEUE DINGE AUS

***Unterhalten Sie Ihre Fantasien.**

Du musst es mit den Dingen, die du im Bett magst, nicht übertreiben, aber ein paar grundlegende Knicke können deinem Sexualleben viel Abwechslung und Interesse verleihen. Das Problem ist, dass Sex schnell zur Routine werden kann, besonders wenn Sie schon lange mit jemandem zusammen sind. Sie möchten die Monotonie aufbrechen, wenn Sie sie großartig halten oder verbessern möchten. Nichts sagt "Auf Wiedersehen Monotonie" so gut wie seidene Augenbinden, flauschige Handschellen und ein unterhaltsames Bad Cop-Spiel. Auch Sextoys sollten Sie ausprobieren. Die Einbeziehung sexueller Materialien in Ihr Sexualleben kann Ihre

Zufriedenheit steigern, und die meisten Sexspielzeuge sind für beide Partner angenehm.

Andere sexuelle Materialien können auch dabei helfen, Funken in Ihrem Liebesleben zu erzeugen. Führen Sie einige Nachforschungen durch, um festzustellen, was Ihnen möglicherweise fehlt.

Viele Menschen haben intensive sexuelle Fantasien, die es ihnen zu peinlich ist, sie mit ihren Partnern zu teilen.

Wenn Sie und Ihr Partner sich wohl genug fühlen, teilen Sie Ihre Fantasien miteinander.

*** Unvorhersehbarkeit bewahren.**

Sie wissen vielleicht genau, was zu tun ist, um Ihren Partner sofort zum Orgasmus zu bringen, aber das bedeutet nicht, dass Sie es tun sollten. Sex sollte natürlich und spontan geschehen. Wenn Sie und Ihr Partner jeden Tag oder jede Nacht Sex haben, ist es an der

Zeit, die Dinge aufzurütteln.
Variation sollte in den Positionen verwendet werden, die Sie verwenden, wo Sie Sex haben, wer die Kontrolle hat und welche Extras Sie verwenden.

***Versuchen Sie eine andere Position.**
Das Ändern der Sexpositionen kann das sexuelle Vergnügen steigern.
Es kann dazu führen, dass Sie und Ihr Partner sich wohler fühlen, wenn Sie

neue Dinge ausprobieren. Es gibt einige Positionen, die Ihnen mehr Kontrolle geben und das Vergnügen Ihres Partners steigern. Sie könnten nebeneinander Positionen ausprobieren, wenn Sie und Ihr Partner männlich und weiblich sind. Eine Seite-an-Seite-Position kann mehr Kontrolle und Komfort bieten, wenn einer oder beide von Ihnen Rücken- oder Gelenkschmerzen haben oder wenn aufgrund der Penisgröße Beschwerden auftreten. Bei diesen Positionen liegen beide Partner auf der Seite und blicken in die gleiche Richtung. Es gibt zahlreiche Variationen, also finden Sie heraus, was für Sie am besten funktioniert.

KAPITEL VIER

WIE KANN ICH MEIN SEX EINZIGARTIG MACHEN?

Hier sind 5 Möglichkeiten, Sex in Ihrer Beziehung romantischer zu gestalten.

*** Meistere die Kunst des Sexgesprächs.**
Über Sex zu sprechen ist ein großes Hindernis für guten Sex. Weil es ein so heikles Thema sein kann,

„schweigen" viele Paare, anstatt sich gegenseitig zu sagen, was sie brauchen.

Nur 9 % der Paare, die nicht miteinander über Sex sprechen können, geben an, sexuell zufrieden zu sein. Über Sex zu sprechen ist ein effektiver Weg, um Intimität und emotionale Bindung zu stärken. Es ermöglicht Partnern, ihre Vorlieben auszudrücken und zusammenzuarbeiten, um eine sinnvolle sexuelle Beziehung miteinander zu entwickeln.

Lesen Sie Paare, die über Sex reden, haben besseren Sex, um zu erfahren, wie Sie eine sichere und angenehme Umgebung schaffen, in der Sie die intimen Details des Sex besprechen können.

*** Erstellen Sie erotische Liebeskarten.**

Eine erotische Liebeskarte ist eine visuelle Darstellung dessen, was Ihren Partner erotisch an- und abtörnt.

Dies zu verstehen ist einer der 13 Faktoren, die zu einem erfüllten Sexualleben beitragen. Indem Sie spezifische Fragen darüber stellen, was sie mögen und brauchen, können Sie eine Karte des Körpers und der Wünsche Ihres Partners erstellen.

Was hat dich das letzte Mal am Sex gefreut?
Was haben wir getan, wodurch du dich mehr mit mir verbunden gefühlt hast?

Was haben wir getan,
damit Sie sich wohl
fühlen?
Was haben wir getan, um
Ihr Interesse zu wecken?
Was brauchen Sie, um Sex
für Sie angenehmer zu
machen?
Was brauchst du, um dich
bereit für Sex zu fühlen?
Warum fühlt es sich für
dich beim Sex eher wie
Liebesspiel an?
Welche Fantasien oder
Gedanken haben Sie beim
Sex?

*** Machen Sie Rituale, um Sex zu beginnen und abzulehnen.**

Paare sagen mir oft, dass ihr Partner „einfach wissen" sollte, wann sie geil sind. Das Missverständnis, dass Ihr Partner Ihre Gedanken lesen kann, schränkt die Tiefe Ihrer intimen Beziehung ein.

Ganz zu schweigen davon, dass es genauso wichtig ist, zu lernen, wie man nein zu seinem Partner sagt, ohne sich verletzt zu fühlen, wie zu lernen, wie man damit umgeht, wenn sein Partner nein sagt. Diese sexuelle Initiation und Ablehnung kann choreographiert werden, um Ja und Nein weniger persönlich und akzeptabler erscheinen zu lassen.

*** Ich sage ja zu Sex.** Während viele von uns davon träumen, dass unsere Partner so auf uns eingestellt sind, dass sie „einfach sagen können, dass ich sie will", sind unsere „offensichtlichen"

Zeichen nicht immer so offensichtlich. Besprechen Sie mit Ihrem Partner die verbalen und nonverbalen Hinweise, auf die Sie sich verlassen und die Sie vorhersehen können.

Ihr Ritual muss nicht kompliziert sein. Es kann so einfach sein, wie den Rücken Ihres Partners auf eine bestimmte Weise zu reiben, um ihm die Möglichkeit zu geben, die körperliche Verbindung fortzusetzen oder höflich abzulehnen.

*** Verzicht auf Sex**

Es werden Tage kommen, an denen Sie einfach keine Lust auf Sex haben. Der Schlüssel, um eine emotionale Verbindung aufrechtzuerhalten, besteht darin, Sex sanft abzulehnen.

Wenn Sie Ihren Partner mit Schuldgefühlen quälen, sich emotional zurückziehen oder körperliche Zuneigung zurückhalten, weil Sie Nein zum Sex sagen, war

Ihr Sexgebot eine Forderung, kein Gebot.

Der Hauptunterschied zwischen einer Nachfrage und einem Gebot besteht darin, wie Sie reagieren, wenn Ihr Partner ablehnt. Wenn Sie kritisieren oder sich zurückziehen, stellen Sie eine Forderung. Es ist ein Gebot, wenn Sie Empathie für die Bedürfnisse Ihres Partners zeigen, wenn er sich weigert

***Fragen, die Sie Ihrem Partner zur sexuellen**

Verweigerung stellen
sollten

Was soll ich tun, wenn es
dir nicht gut geht?
Fühlst du dich wohl
dabei, nein zu sagen,
wenn ich wirklich geil
auf dich bin, aber du
fühlst es nicht?
Was brauchen Sie von mir,
um sich beim Nein-Sagen
wohl zu fühlen?
Was brauchst du von mir,
wenn du beim Sex
unschlüssig bist und ich
richtig geil bin?
Bist du damit
einverstanden, dass ich

versuche, dich in gute Laune zu versetzen? Wenn ja, wie soll ich vorgehen?

*** Kontinuierliche Diskussionen über sexuelle Intimität**

Die Verbesserung Ihres Sexuallebens erfordert Zeit und Mühe. Bemühen Sie sich, in Ihrer Beziehung weiter über Sex zu sprechen. Erkundigen Sie sich nach den tiefsten Wünschen Ihres Partners, indem Sie Fragen stellen.

Dies ermöglicht Ihrem Partner, offen auszudrücken, was er braucht, um sich geliebt zu fühlen, und Sie bleiben auf die Bedürfnisse des anderen eingestellt, was zu einem emotional verbundenen und erfüllenden Sexualleben führt.

KAPITEL FÜNF

HILFE VON AUSSEN ERHALTEN

***Suchen Sie nach Ressourcen.**
Viele Frauen wurden von erotischen Geschichten wie 50 Shades of Grey inspiriert, aber es ist auch eine gute Idee, einige Anleitungen zu Rate zu ziehen, wie Sie Ihr Sexualleben verbessern können. Suchen Sie nach Büchern, die von Sexexperten geschrieben

wurden. Es kann auch von Vorteil sein, nach Ressourcen zu suchen, die auf Ihre spezifische Situation zugeschnitten sind. Es gibt Ressourcen für LGBTQ-Personen, ältere Menschen und so weiter.

***Konsultieren Sie Ihren Arzt**.
Einige Ursachen für sexuelle Funktionsstörungen sind medizinischer Natur, insbesondere bei Männern mit Penissen. Erektile Dysfunktion zum Beispiel

wird häufig durch Erkrankungen wie Herzkrankheiten, Bluthochdruck oder Fettleibigkeit verursacht, kann aber auch durch Stress verursacht werden. Konsultieren Sie Ihren Arzt, wenn Sie körperliche Probleme haben, die Ihr Sexualleben beeinträchtigen.

Viele sexuelle Funktionsstörungen sind gut behandelbar. Schämen Sie sich nicht, Ihren

Arzt aufzusuchen; Sexuelle Probleme sind sehr häufig und Ihr Arzt sieht sie wahrscheinlich ständig.

*** Wenden Sie sich an einen Fachmann.**
Manchmal hat ein Paar Sexprobleme, die es scheinbar nicht alleine lösen kann. Das ist ganz natürlich. Wenn Ihre sexuellen Probleme bestehen bleiben, kann es hilfreich sein, einen Paartherapeuten aufzusuchen, der auf Sexualtherapie

spezialisiert ist. Ein Sexualtherapeut (oder Paartherapeut mit Ausbildung in Sexualtherapie) weiß, welche Fragen er stellen muss, um Ihnen und Ihrem/Ihren Partner(n) dabei zu helfen, herauszufinden, was im Schlafzimmer vor sich geht.

Es kann äußerst peinlich sein, einem Fremden von Ihrem Sexualleben zu erzählen, aber Sexualtherapeuten befolgen die gleichen

Vertraulichkeitsregeln wie alle Fachleute für psychische Gesundheit. Sie sind da, um Ihnen zu helfen und werden kein Urteil fällen oder Ihre Probleme mit jemand anderem besprechen.

FAZIT

Sex erfordert, wie alles andere, Übung, um ihn zu perfektionieren. Wenn Sie neu beim Sex sind, seien Sie nicht beunruhigt, wenn es nicht sofort perfekt ist. Du entdeckst immer noch deinen eigenen Körper und welche Techniken und Manöver im Bett funktionieren und welche nicht.

Seien Sie verlockend. Spielen, kneifen und lecken.

Kommunikation ist entscheidend. Alle beteiligten Parteien

müssen eine klare, mündliche Zustimmung erteilen. Kommunikation kann Sex auch angenehmer und intensiver machen.

www.ingramcontent.com/pod-product-compliance
Lightning Source LLC
LaVergne TN
LVHW052101160826
845678LV00015B/3308

* 9 7 9 8 3 6 7 8 9 4 4 0 0 *